Für Marshall B. Rosenberg

Vilma Costetti

... und immer sagen wir „bitte“ oder „danke“

Illustrationen von
Stefania Garuti

Mit einer Einleitung von Klaus-Dieter Gens

Junfermann Verlag · Paderborn
2006

Via Silvano Caleri, 14, 42100 Reggio Emilia, Italien
www.centroesserci.it

Originaltitel: Per favore, grazie
Text: Vilma Costetti
Illustrationen: Stefania Garuti
Gestaltung: Delicatessen

Bibliografische Information der Deutschen Bibliothek
Die Deutsche Bibliothek verzeichnet diese Publikation in der Deutschen Nationalbibliografie; detaillierte bibliografische Daten sind im Internet über http://dnb.ddb.de abrufbar.

ISBN-10: 3-87387-627-2
ISBN-13: 978-3-87387-627-9

EINLEITUNG

Dieses Buch zeigt uns die Kommunikation von Herz zu Herz.

Als ich den Titel las, erinnerte ich mich sofort an ein Seminar, in dem es um einen Notfallkoffer für Kommunikation ging. Obenauf in diesem Koffer lag ein Schild mit der Frage: „Hat er / sie nun bitte oder danke gesagt?“ Hinter allem, was Menschen sagen, also bei Vorwürfen, Angriffen, Beschuldigungen oder Urteilen hören wir nicht auf den Inhalt der Worte, sondern auf die Botschaft dahinter: „Bitte tu etwas für mich!“ Oder wir hören einen Dank. „Wäre doch nicht nötig gewesen“ oder „Wurde auch Zeit!“, können ein Dank sein – in einer Behelfssprache. Dahinter finden wir immer, was in dem anderen gerade lebendig ist: seine Gefühle und Bedürfnisse.

Ich habe dieses Buch auf Anhieb gemocht. Mit klaren und einfachen Worten drückt Vilma Costetti aus, wie eine trennende Sprache einfach transformiert wird und wie Menschen in Familien, Schulen und im Geschäftsleben anders aufeinander zugehen können. Diese Sprache macht uns fähig, zu unserer menschlichen Natur zurückzufinden.

Diese eindrücklichen Worte – verbunden mit den lebendigen und ebenfalls eindrücklichen Bildern von Stefania Garuti – laden Leser und Leserinnen aller Altersgruppen ein, sich im Alltag an etwas so einfaches wie die Kraft des Gebens und Empfangens, des Zuhörens und des Ausdrückens zu erinnern.

Bilder und Text bilden eine schöne Einheit für ein Lehrbuch besonderer Art, und ich möchte Eltern und anderen „Erziehenden“ empfehlen, dieses Buch gemeinsam mit Kindern zu lesen und die Gelegenheit zu nutzen, einzelne Abschnitte zu besprechen.

Vielen Dank an die Kolleginnen für diesen Beitrag zur Gewaltfreien Kommunikation.

Klaus-Dieter Gens
Trainer für Gewaltfreie Kommunikation in Berlin

Die natürliche Sprache
aller lebenden Wesen,

die natürliche Sprache
von uns Menschen

besteht im einfachen und ehrlichen **Ausdruck** dessen, was in uns lebendig ist – Gefühle und Bedürfnisse

melancholisch, bewegt, traurig, unsicher, am Boden zerstört, verwirrt, müde

glücklich, erleichtert, wach, angeregt, entspannt, freudig, ruhig

ärgerlich, kalt, misstrauisch, unglücklich, unzufrieden, wütend

die wir mit Worten oder ohne Worte teilen,

indem wir moralische Urteile,
Beleidigungen und Kritik – uns und
anderen gegenüber – vermeiden.

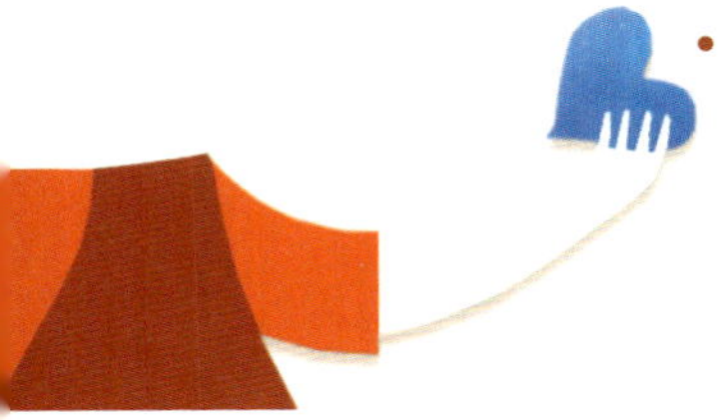

Und wir

empfangen oder hören,

was in anderen Menschen

lebendig ist, ihre Gefühle

und Bedürfnisse,

selbst wenn diese so ausgedrückt
werden, dass es für uns
unangenehm ist, sie zu hören,
z.B. als Kritik, moralisches Urteil,
Angriff, Forderung oder Analyse.

Zumindest in unseren ersten
Lebensmonaten kommunizieren
wir alle auf diese ganz
natürliche Art und Weise,

indem wir in jedem Moment deutlich ausdrücken, ob das, was in uns lebendig ist, zufrieden gestellt wird oder nicht.

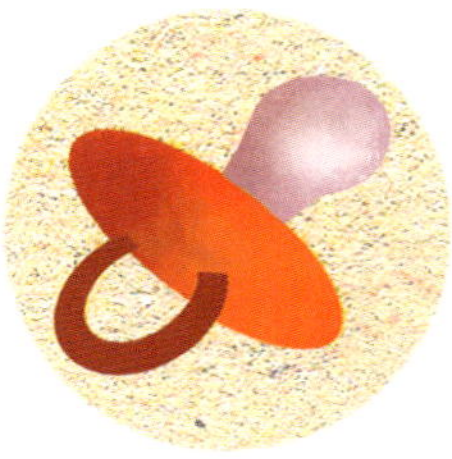

Indem wir heranwachsen,
lernen wir jedoch meistens eine ganz
andere Form der Kommunikation ...

Wir lernen Worte, mit denen wir uns selbst und andere abstempeln und nicht Worte, mit denen wir unsere erfüllten oder unerfüllten Bedürfnisse ausdrücken können.

Immer bist du ärgerlich.

Du verschwendest Zeit!

Du bist zu großzügig.

Du hast vor allem Angst.

Du bist unfreundlich.

Du bist einfach nur faul.

Wir maßen uns an zu wissen,
ob andere Menschen normal oder
anormal, richtig oder falsch,
gut oder schlecht,

egoistisch oder großzügig sind
und ob sie Bestrafung
oder Belohnung verdienen,

aber wir sind uns nicht
unserer Bedürfnisse bewusst
und wir wissen nicht,
was wir tun müssen,
um sie zu befriedigen.

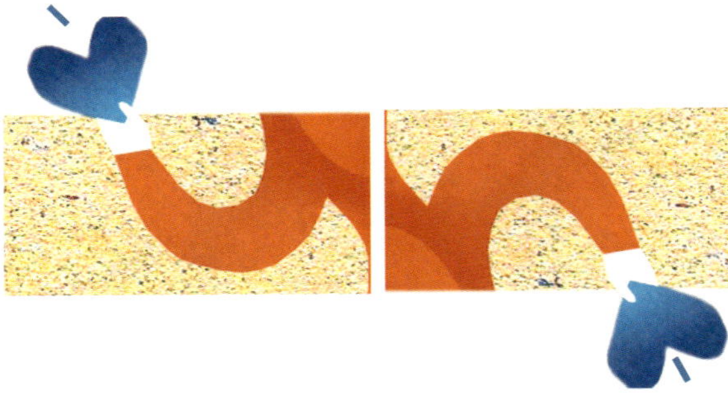

Das ist sehr tragisch,
denn so bringen wir uns
um das Vergnügen, das wir
Menschen – egal welchen
Alters – empfinden, wenn
wir von Herzen geben,

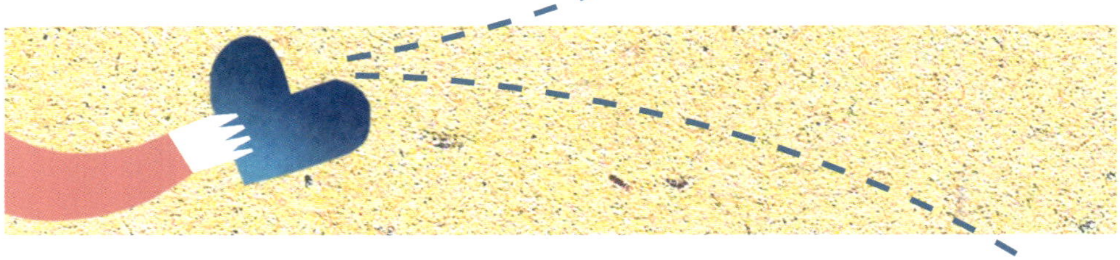

und hindern uns selbst daran, unser Verhalten verändern zu wollen und damit unser Leben und das Leben anderer Menschen zu verbessern.

Das macht es auch sehr unwahrscheinlich, dass unsere eigenen Bedürfnisse jemals befriedigt werden.

Wenn wir es wollen,
können wir unsere natürliche Sprache
wieder lernen, und sie besteht
nicht nur aus Gesten und Tönen,
sondern auch aus Wörtern.

„Ich bin traurig, wenn du dir für mich Spitznamen ausdenkst, denn ich brauche Respekt."

Wir haben bisher nicht gelernt,
uns mit dem, was in uns lebendig ist,
zu verbinden, mit unseren befriedigten
oder unbefriedigten Bedürfnissen und
den Empfindungen und Gefühlen,
mit denen diese Bedürfnisse
ausgedrückt werden.

Wenn jemand einfach
– ohne vorher zu fragen – etwas
von uns nimmt, sei es zu Hause,
in der Schule oder am Arbeitsplatz,
entdecken wir möglicherweise einen
„Hunger" nach Respekt, den wir
ausdrücken möchten:

„Wenn ich sehe, dass du meine CD
nimmst, ohne mich zu fragen,
fühle ich mich ärgerlich,
weil ich Respekt möchte.
Magst du mir sagen,
ob du bereit bist mich zu fragen,
bevor du meine Sachen nimmst?“

Wenn jemand auf eine Art und Weise
mit uns spricht, die wir nur schwer
annehmen können – zu -Hause,
in der Schule oder am Arbeitsplatz –,
mit Worten, die wir als Kritik auffassen,
dann darf uns das nicht verwirren.

Wir wissen, dass diese Person nach etwas „hungert“, aber nur gelernt hat, ihre Bedürfnisse auszudrücken, indem sie sagt, was mit uns nicht stimmt.

Wenn jemand sagt:

„Du bist unzuverlässig!“,

können wir wählen, uns mit dem,
was diese Person braucht, zu verbinden:

„Wenn ich eine Stunde später als vereinbart komme, ohne dich anzurufen, bist du dann besorgt, weil du mir gerne vertrauen möchtest? Möchtest du, dass ich dir sage, was mich gehindert hat, dich anzurufen?“

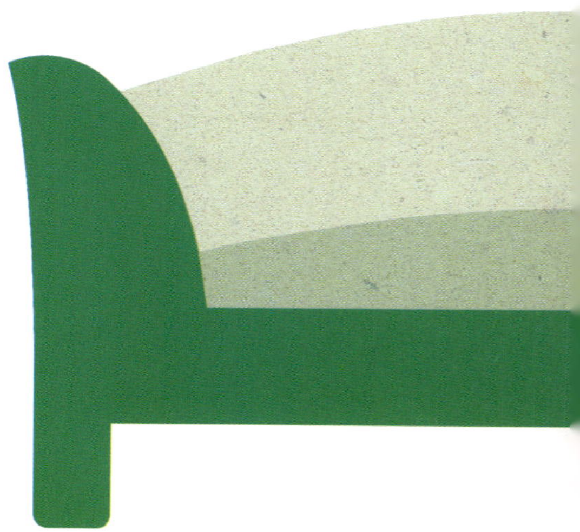

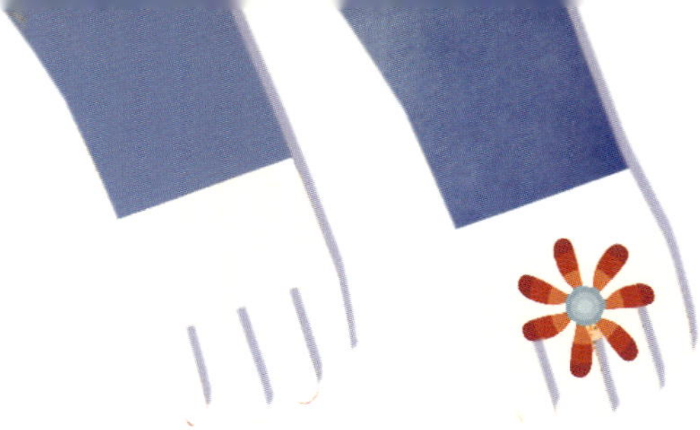

Zu Hause, in der Schule
oder am Arbeitsplatz tun
sowohl wir als auch andere
Menschen – öfter als wir
annehmen – Dinge,
die das Leben bereichern.

Wenn unser „Hunger“ **gestillt** wurde,
wenn jemand dazu beigetragen hat,
unsere Bedürfnisse zu befriedigen,

können wir unsere Dankbarkeit
mit einem Lächeln ausdrücken –
so, wie wir das als Kinder getan haben.
Wir können diese Dankbarkeit aber
auch in Worte fassen:

„Wenn ich sehe, dass du den Tisch gedeckt hast, ohne dass ich dich vorher darum gebeten habe, bin ich glücklich, weil mein Bedürfnis nach Zusammenarbeit befriedigt wurde. Danke.“

Wenn jemand sagt:

„Du bist sehr großzügig
und hilfsbereit!“,
wissen wir, dass diese Person
sagen möchte, dass eine unserer
Handlungen dazu beigetragen hat,
eines ihrer Bedürfnisse zu befriedigen.
Welches? Wir können versuchen,
es zu erraten:

„Als ich meine Arbeit unterbrochen habe, um dir zuzuhören, fühltest du dich da erleichtert und beruhigt?

Willst du mir sagen, dass du dankbar bist, weil deine Bedürfnisse nach Verständnis und Unterstützung zufrieden gestellt wurden?“

thanks
bitte
merci
Per favore
gracias
grazie

Die Gewaltfreie Kommunikation ist eine einfache und machtvolle Sprache, die die Kommunikation mit uns selbst und mit anderen Menschen fördert – im Familienleben, in der Schule, am Arbeitsplatz, ganz unabhängig von kulturellen, religiösen oder politischen Hintergründen.

Dieser Kommunikationsprozess konnte sich so tiefgehend und immer weiter entwickeln, weil Marshall B. Rosenberg mehr als 40 Jahre leidenschaftlich und kontinuierlich geforscht hat.

Nonviolent Communication^sm (Gewaltfreie Kommunikation) ist eine geschützte Marke, so dass die Integrität dessen, was unter diesem Namen gelehrt wird, gewährleistet ist. Aus diesem Grunde müssen GFK-TrainerInnen auch zertifiziert sein; so können wir sicher sein, dass der Prozess selbst und seine Ziele vollständig, exakt und zuverlässig vermittelt werden.

Wir freuen uns, die Namen von zertifizierten TrainerInnen weitergeben zu können und somit einer breiten Öffentlichkeit den Zugang zu qualifizierten und vertrauenswürdigen GFK-Seminaren zu ermöglichen.

Weitere Informationen finden Sie

im deutschsprachigen Raum unter:
www.gewaltfrei.de

in den USA:
Center for Nonviolent Communication, CNVC
2428, Foothill Blvd., Suite E, La Crescenta, CA 91214, USA
Tel.: +1 818 957 9393
Fax: +1 818 957 1424
eMail: cnvc@cnvc.org
www.cnvc.org

„Im Grunde sagen die Menschen immer nur eines dieser beiden Worte: bitte oder danke.“

Marshall B. Rosenberg